"THIS & THAT" FIND A WORD
PUZZLE BOOK

Volume #1

RROBITAILLE

"THIS & THAT"
FIND A WORD
VOL # 1
rr

I would like to acknowledge the help, strength, and much more in which I received from the following:

My children & my beautiful grand babies. I love you to the moon, & to the stars, & all the way back again! ☺ My sidekicks and friends, my professor Miss Legebow, as well as the use of GOOGLE.CA for some of my research.

Order this book online at www.trafford.com
or email orders@trafford.com

Most Trafford titles are also available at major online book retailers.

Author Credits: MISS C LEGEBOW/ST. CLAIR COLLEGE PROF/ GOOGLE
FOR RESEARCH/MY FRIENDS & FAMILY FOR THEIR LOVE & SUPPORT

Printed in the United States of America.

ISBN: 978-1-4269-7565-3 (sc)
ISBN: 978-1-4269-7566-0 (e)

Library of Congress Control Number: 2011912373

Trafford rev. 01/31/2012

 www.trafford.com

North America & international
toll-free: 1 888 232 4444 (USA & Canada)
phone: 250 383 6864 ♦ fax: 812 355 4082

TABLE OF CONTENTS

VOLUME #1
"THIS AND THAT"
FIND A WORD

#1
<u>A Christmas Celebration</u>

Angels	*Love*
Anonymous Santa	*Mashed potatoes*
Birthday	*Mistletoe*
Bows	*Ornaments*
Caroling	*Presents*
Christmas Trees	*Ribbons*
Decorations	*Santa Clause*
Dressing	*Stockings*
Family	*Streamers*
Forgiveness	*Tinsel*
Life	*Togetherness*
Lights	*Turkey*

" A CHILDS LAUGHTER IS LIKE AN ANGELS' SONG"

rr☺

L	O	V	E	B	Y	K	I	Q	L	E	S	N	I	T	S
E	E	P	R	E	S	E	N	T	S	S	Z	L	O	U	C
K	Z	S	K	Q	A	S	J	K	M	A	H	G	U	T	H
I	X	R	M	Z	W	E	Z	I	N	N	E	K	A	F	R
S	U	E	I	O	B	D	Q	G	S	T	T	E	A	I	I
T	H	M	B	U	I	N	E	O	H	A	E	M	D	F	S
O	P	A	A	T	O	L	Y	E	A	C	I	L	R	U	T
C	W	E	T	S	S	I	R	E	J	L	I	F	E	L	M
K	O	R	N	H	H	N	U	R	Y	A	B	L	S	L	A
I	O	T	A	N	E	E	J	S	E	U	A	Y	S	U	S
N	Y	S	S	S	U	K	D	A	Y	S	Z	I	I	M	T
G	A	K	S	N	G	D	D	P	L	E	I	L	N	P	R
S	D	F	U	O	G	N	I	L	O	R	A	C	G	Y	E
J	H	W	M	B	R	B	M	I	S	T	L	E	T	O	E
S	T	K	Y	B	A	J	M	P	E	N	A	O	E	F	S
J	R	B	N	I	A	E	E	L	I	G	H	T	S	O	O
R	I	E	O	R	N	A	M	E	N	T	S	V	O	R	X
C	B	E	N	Y	S	N	O	I	T	A	R	O	C	E	D
N	F	E	A	R	I	X	L	C	S	E	L	E	B	V	S
F	O	R	G	I	V	E	N	E	S	S	E	M	Y	E	R

(Answers on pg 65)

3

#2
<u>PLAYING BY THE "NUMBERS"</u>

4 DIGIT	5 DIGIT
1539	10832
1964	17607
2155	22556
2689	29540
3060	33781
3625	38277
4444	40332
4806	46395
5493	51991
6211	56789
6372	62013
7941	63702
8198	74168
8320	85420
9577	91054

5	4	9	3	0	6	9	5	1	4	7
3	7	4	2	8	1	9	8	0	1	4
7	0	1	4	9	7	1	3	2	2	1
8	0	9	9	0	0	3	4	8	0	6
3	7	9	1	6	2	0	1	3	0	8
2	7	1	0	1	4	6	5	2	6	3
0	5	5	5	5	1	4	0	4	9	6
0	9	7	9	3	6	2	9	5	3	4
5	1	2	3	1	3	4	6	7	6	3
9	5	3	6	4	5	7	0	5	5	5
1	6	8	4	5	8	2	8	6	5	2
0	8	4	3	9	3	0	3	1	2	9
5	4	1	6	7	0	3	2	7	2	5
4	3	0	7	1	7	6	0	7	1	8
3	0	2	3	3	7	8	3	8	7	0
8	7	6	1	0	2	3	9	9	4	3
1	0	8	0	3	8	1	0	8	3	2
5	3	9	2	7	3	2	7	0	8	7
3	3	6	6	9	1	0	0	6	0	3
9	1	6	8	8	5	4	2	0	7	6

(Answers on pg 66)

#3
THE "PURRFECT" MEOW

AGILE	NIGHT VISION
BOUNCY	PANTHER
CHEETAH	PATIENT
CLAW	PIERCING EYES
CUNNINGNESS	PROTECTIVE
CURIOUS	PROWLS
DOMESTIC	PURRING
DOMINANCE	ROARS
FEARLES	SHARP TEETH
FELINE	SHOW CATS
HUNTERS	SLEEK
LION	STRIPES
LITTERS	TERROR
LONGTAILS	TIGER

"A yard of cats equals less the rats!"

rr☺

P	S	A	C	I	T	S	E	M	O	D
I	U	N	O	I	L	C	A	A	O	R
E	O	D	G	L	H	U	G	M	D	O
R	I	E	S	M	E	N	I	L	E	F
C	R	I	H	Q	B	N	L	E	U	W
I	U	Z	O	F	A	I	E	R	A	G
N	C	S	W	N	O	N	Y	L	F	N
G	L	L	C	E	H	G	C	S	E	I
E	A	E	A	P	A	N	T	H	E	R
Y	I	E	T	R	T	E	R	A	N	R
E	R	K	S	O	E	S	E	R	O	U
S	O	S	B	W	E	S	V	P	I	P
S	T	L	O	L	H	O	I	T	S	A
S	I	I	U	S	C	S	T	E	I	T
E	R	A	N	T	R	R	C	E	V	I
L	O	T	C	R	O	E	E	T	T	E
R	R	G	Y	I	A	T	T	H	H	N
A	R	N	B	P	R	N	O	T	G	T
E	E	O	K	E	S	U	R	K	I	L
F	T	L	W	S	E	H	P	Q	N	L

(Answers on pg 67)

THE FAMILY TREE

APPLE	MOUNTAIN ASH
BIRCH	MULBERRY
BLUE SPRUCE	NECTARINE
CATALPA	OAK
CHERRY	PALM
CHOLLA	PEACH
CRANAPPLE	PEAR
DOGWOOD	PINE
ELM	PINEAPPLE
EUCALYPTUS	PLUM
EVERGREEN	RED MAPLE
JOSHUA	SPRUCE
MAHOGONY	WEEPING WILLOW
MAPLE	

K	K	P	I	N	E	A	P	P	L	E
I	S	P	R	U	C	E	L	I	U	V
P	E	A	P	L	A	T	A	C	H	E
T	I	I	M	R	T	L	A	R	P	R
C	N	Z	O	Q	R	L	Q	A	Y	G
E	S	N	U	W	Y	P	U	N	K	R
N	W	O	N	P	N	U	D	A	G	E
I	J	I	T	E	A	W	O	P	D	E
R	O	U	A	J	G	O	G	P	T	N
A	S	R	I	Y	O	L	W	L	E	P
T	H	E	N	R	H	L	O	E	N	L
C	U	C	A	R	A	I	O	F	A	U
E	A	U	S	E	M	W	D	G	L	M
N	L	R	H	B	Y	G	T	C	L	O
A	Q	P	I	L	E	N	A	A	O	C
P	X	S	A	U	R	I	P	H	H	H
P	U	E	O	M	S	P	I	C	C	E
L	I	U	M	J	D	E	A	R	Z	R
E	E	L	P	A	M	E	N	I	Y	R
O	E	B	S	D	P	W	R	B	M	Y

(Answers on pg 68)

#5
WITH A "RING" & A "DING"

ALTERING	GATHERING
ANSWERING	HARBORING
ASSURING	HERRING
BARTERING	LOITERING
BOMBARDING	POURING
BORING	PREPARING
CHEERING	ROUNDING
CORNERING	SAUNTERING
DARING	SCORING
DIFFERING	TEARING
EARRING	TEETERING
ENDANGERING	WATERING
FEATURING	

O	I	P	R	E	P	A	R	I	N	G
Q	B	O	M	B	A	R	D	I	N	G
S	A	U	N	T	E	R	I	N	G	G
G	R	R	P	G	E	C	R	N	N	G
N	T	I	A	N	S	A	I	I	N	G
I	E	N	Q	K	R	R	R	I	N	C
R	R	G	E	I	E	E	R	I	H	G
E	I	J	N	T	T	U	R	E	N	F
H	N	G	I	E	T	E	E	L	G	G
T	G	O	E	A	N	R	H	O	N	G
A	L	T	E	R	I	N	G	D	I	N
G	U	F	O	N	B	L	M	A	R	I
N	Z	C	G	N	I	D	N	U	O	R
I	G	N	I	R	U	S	S	A	C	O
R	I	N	D	O	W	R	S	J	S	B
E	E	N	D	E	R	I	N	G	O	R
T	H	E	R	R	I	N	G	R	T	A
A	D	I	F	F	E	R	I	N	G	H
W	N	K	I	J	G	N	I	R	A	D
G	N	I	R	E	G	N	A	D	N	E

(Answers on pg 69)

#6
<u>WALT DISNEY FOREVER</u>

ALADDIN	*LILO AND STITCH*
BAMBI	*MULAN*
BEAUTY AND THE BEAST	*OLD DOGS*
BOLT	*PETER PAN*
CARS	*POCAHONTIS*
CINDERELLA	*PONYO*
DUMBO	*TARZAN*
FANTASIA	*THE WILD*
FINDING NEMO	*TOY STORY*
GFORCE	*UP*
JUMP IN	*WALLE*
LADY AND THE TRAMP	*WINNIE THE POOH*

#6

B	D	L	I	W	E	H	T	S	L	I
E	N	N	A	Z	R	A	T	N	T	E
A	A	W	A	L	L	E	I	O	V	K
U	P	E	C	X	H	H	Y	W	B	Y
T	R	S	R	A	C	S	F	W	O	P
Y	E	K	I	O	T	J	O	H	H	M
A	T	L	N	O	I	U	O	I	O	A
N	E	I	R	N	T	M	M	T	O	R
D	P	Y	Q	I	S	P	E	E	P	T
T	O	O	B	J	D	I	N	X	E	E
H	C	M	N	P	N	N	G	S	H	H
E	A	D	A	Y	A	W	N	O	T	T
B	H	E	F	E	O	A	I	L	E	D
E	O	C	D	A	L	A	D	D	I	N
A	N	R	U	U	I	G	N	D	N	A
S	T	O	M	P	L	R	I	O	N	Y
T	I	F	B	O	L	T	F	G	I	D
I	S	G	O	M	U	H	Z	S	W	A
F	A	N	T	A	S	I	A	D	X	L
O	C	I	N	D	E	R	E	L	L	A

(Answers on pg 70)

" A " to " E "

ABATE	ALIENATE
ABILITATE	ALTERNATE
ABORIGINE	ALLIANCE
ACHE	ALLURE
ACTIVE	ANDESITE
ADEQUATE	APPLE
ADOBE	ARISE
ADMIRABLE	ARTICULATE
ADORABLE	ASSEMBLE
ADVANCE	AUTOMOBILE
ADVICE	AVERAGE
AIRPLANE	AVIATE
AISLE	AWHILE

A	V	I	A	T	E	R	U	L	L	A
S	C	E	B	O	D	A	T	G	E	A
C	U	C	J	T	A	S	A	C	B	V
E	L	I	H	W	A	I	N	O	I	E
R	Y	V	K	E	R	A	R	X	N	R
T	O	D	A	F	I	I	S	A	T	A
A	H	A	P	L	G	S	J	I	T	G
N	E	X	L	I	A	B	A	T	E	E
E	T	A	N	R	E	T	L	A	S	A
T	A	E	L	B	A	R	I	M	D	A
A	N	B	Z	C	T	Y	E	O	E	L
L	E	Q	H	E	E	N	R	L	I	A
U	I	E	O	L	A	A	I	A	P	E
C	L	S	S	L	B	B	N	P	T	L
I	A	I	P	L	O	D	L	A	V	B
T	A	R	E	M	E	E	U	L	O	M
R	I	A	O	S	A	Q	U	I	R	E
A	C	T	I	V	E	M	W	D	O	S
Z	U	T	A	D	V	A	N	C	E	S
A	E	T	A	T	I	L	I	B	A	A

(Answers on pg 71)

#8
SUPER HEROS

AQUAMAN	INVISIBLE WOMAN
BATMAN	MR FANTASTIC
BEAST	NIGHT CRAWLER
CAPTAIN AMERICA	ROBIN
DAREDEVIL	SHAZAM
FLASH	SILVER SURFER
GAMBIT	STORM
GENE GRAY	SPIDERMAN
GREEN LANTERN	SUPERMAN
HAWK	THE THING
HULK	THOR
ICEMAN	WONDER WOMAN
IRONMAN	WOLVERINE
INVISIBLE MAN	

```
C  D  K  F  R  S  O  R  N  I  B
A  I  W  O  L  V  E  R  I  N  E
P  N  A  M  T  A  B  M  G  V  A
T  V  H  R  B  A  S  T  H  I  S
A  I  C  E  M  A  N  H  T  S  T
I  S  S  F  T  N  O  E  C  I  H
N  I  T  R  N  A  M  T  R  B  O
A  B  N  U  A  M  R  H  A  L  R
M  L  A  S  M  R  F  I  W  E  N
E  E  M  R  O  E  A  N  L  W  R
R  M  R  E  W  D  N  G  E  O  E
I  A  E  V  R  I  T  P  R  M  T
C  N  P  L  E  P  A  I  S  A  N
A  A  U  I  D  S  S  E  H  N  A
W  M  S  S  N  T  T  U  A  K  L
N  A  M  N  O  R  I  K  Z  L  N
Q  U  L  R  W  S  C  B  A  U  E
O  Q  M  R  O  B  I  N  M  H  E
D  A  R  E  D  E  V  I  L  A  R
A  P  H  Y  A  R  G  E  N  E  G
```

(Answers on pg 72)

#9
<u>WHAT A LOVELY BOUQUET</u>

AZALIA	LOCUST
BABYS BREATH	LUMEX
BORONIA	ORCHIDS
BUTTON FUNRAY	PANSY
CANDY TUFT	PEANNIE
CASPIA	PEONY
CHRYSANTHEMUM	PHLOX
COSMO	ROSASHARON
DAHLIA	ROSE
DAISY	SNAP DRAGON
DIANTHUS	SUNFLOWER
GERANIUMS	TRACELIUM
IRIS	TULIP
IVY	VIOLET
LILY	

T	F	U	T	Y	D	N	A	C	I	C
R	O	S	A	S	H	A	R	O	N	H
A	I	Z	Y	N	O	E	P	G	L	R
C	R	L	E	M	X	O	E	F	U	Y
E	I	S	O	O	P	R	O	A	M	S
L	S	J	L	C	A	A	K	I	E	A
I	P	H	I	N	U	B	N	P	X	N
U	P	S	I	E	Q	S	V	S	D	T
M	S	U	N	V	E	H	T	A	Y	H
H	M	H	S	E	Y	E	H	C	A	E
T	U	T	E	D	S	L	T	N	R	M
A	I	N	G	O	I	E	Y	O	N	U
E	N	A	R	A	L	H	I	G	U	M
R	A	I	C	O	T	A	C	A	F	Y
B	R	D	I	U	I	R	X	R	N	S
S	E	V	L	N	D	A	L	D	O	I
Y	G	I	O	M	S	O	C	P	T	A
B	P	R	A	Z	A	L	I	A	T	D
A	O	R	E	W	O	L	F	N	U	S
B	E	I	N	N	A	E	P	S	B	O

(Answers on pg 73)

#10
MUSIC GROUPS

ABBA	JOURNEY
AMERICA	KISS
ASIA	PAT BENATAR
BANGLES	POISON
BEATLES	PRINCE
BEEGEES	QUARTERFLASH
CAMEO	QUEEN
CHEAP TRICK	RATT
ENYA	REO
ELO	RUSH
EXPOSE	SADE
FOREIGNER	STARPOINT
HEART	STING
IGGY POP	UTOPIA
INXS	VISAGE
JOAN JET	ZAPP

#10

T	T	E	J	N	A	O	J	R	P	P
V	I	S	A	G	E	O	O	S	O	A
A	H	Y	T	R	N	C	U	E	H	T
X	N	G	A	O	P	A	R	E	E	B
E	E	T	S	E	O	C	N	G	A	E
N	T	I	D	W	P	I	E	E	R	N
E	O	A	I	R	Y	R	Y	E	T	A
P	S	I	E	O	G	E	Z	B	A	T
H	T	O	S	L	G	M	E	K	S	A
S	A	S	P	X	I	A	W	T	I	R
A	R	F	Y	X	T	V	I	F	A	O
L	P	D	B	L	E	N	E	E	U	Q
F	O	R	E	I	G	N	E	R	T	P
R	I	S	I	J	O	O	S	L	O	P
E	N	A	R	N	Y	T	E	U	P	A
T	T	A	U	S	C	S	L	M	I	Z
R	I	U	S	U	X	E	G	O	A	O
A	Q	I	H	N	E	B	N	L	Y	C
U	K	C	I	R	T	P	A	E	H	C
Q	Y	T	D	M	A	B	B	A	R	O

(Answers on pg 74)

#11
ENGLISH TO SPANISH

ENGLISH	ESPANOL
BABY	BEIBI
CAT	GATO
DOG	PERRO
GO TO BED	IR A LA CAMA
GRAMMA	ABUELITA
HAPPY BIRTHDAY	FELIZ CUMPLEANOS
HOUSE	CASA
I LOVE YOU	TE AMO
MOMMY	MAMA
MOON	LUNA
SCHOOL	LA ESCUELA
SIT DOWN	SIENTATE
STARS	ESTRELLAS
THANK YOU	GRACIAS
TREE	ARBOLE
VACATION	VACACIONES
WORD	PALABRA

F	B	A	L	E	U	C	S	E	A	L
E	A	E	G	O	D	I	S	L	E	O
L	S	S	I	X	M	R	W	O	R	D
I	A	O	I	B	A	A	N	R	Y	K
Z	C	U	A	T	I	L	E	U	B	A
C	U	O	S	Y	D	P	U	T	T	V
U	O	Y	H	M	F	O	A	N	A	O
M	Y	E	O	A	A	C	W	C	A	Y
P	K	V	U	U	H	M	A	N	S	A
L	N	O	S	N	L	T	A	U	A	D
E	A	L	E	O	I	R	S	A	I	H
A	H	I	O	O	M	E	T	R	C	T
N	T	H	N	M	A	E	E	B	A	R
O	C	A	M	A	C	A	L	A	R	I
S	E	L	O	B	R	A	M	L	G	B
R	Z	Y	M	M	O	M	G	A	Q	Y
S	I	E	N	T	A	T	E	P	B	P
J	E	S	T	R	E	L	L	A	S	P
O	T	A	G	O	T	O	B	E	D	A
V	A	C	A	C	I	O	N	E	S	H

(Answers on pg 75)

#12
"LET GO OF MY EGGO"

ATOMIC	FRITTATA
BAGHDAD	FRITTERS
BAKED CHEESY	GRANDMAS
BANANA	HUEVOS
BARBEQUE	MEDITERRANEAN
BENEDICT	OX EYE
BIGILLA	POPEYE
BREAKFAST	POUCHED
BURRITO	
CAMPFIRE	QUICHE
DEVILLED	SCRAMBLED
EGG IN THE HOLE	SCOTCH
FLORENTINE	SOUFFLE
FRIED	

A	D	E	E	H	C	T	O	C	S	M
Q	F	L	O	R	E	N	T	I	N	E
U	F	S	S	O	U	F	L	E	S	D
L	B	E	N	E	D	I	C	T	B	I
O	F	R	I	T	T	A	T	A	D	T
T	R	I	T	O	R	S	N	E	E	E
I	I	F	G	C	G	A	L	P	H	R
R	T	P	K	E	N	B	B	D	C	R
R	T	M	W	A	M	A	E	E	U	A
U	E	A	I	A	G	L	P	L	O	N
B	R	C	R	H	L	A	P	O	P	E
T	S	C	D	I	T	O	P	H	H	A
S	S	A	V	O	Q	E	E	E	U	N
A	D	E	M	U	J	U	Y	H	E	D
F	D	I	I	D	Q	F	E	T	V	E
K	C	C	B	E	N	E	X	N	O	I
A	H	G	B	G	E	A	O	I	S	R
E	F	R	I	E	D	Y	R	G	G	F
R	A	G	K	A	L	L	I	G	I	B
B	A	K	E	D	C	H	E	E	S	Y

(Answers on pg 76)

#13
LESS & LESS

AGELESS	LIFELESS
BLESS	MORE OR LESS
BRAINLESS	MOTIONLESS
CORDLESS	POCKETLESS
CLUELESS	REINLESS
DATELESS	SHOELESS
EMOTIONLESS	SPEACHLESS
FEARLESS	SPOTLESS
FLAWLESS	STARLESS
GUTLESS	THOUGHTLESSNESS
HATLESS	TIMELESS
HEARTLESS	TOOTHLESS
KEYLESS	WEIGHTLESSNESS

L	S	S	E	L	T	E	K	C	O	P
I	S	A	G	E	L	E	E	E	B	O
F	E	S	S	E	L	D	R	O	C
E	L	K	E	S	I	O	A	S	S	E
L	H	A	S	L	S	I	T	S	S	T
E	C	T	W	C	N	E	E	E	E	H
S	A	J	F	L	M	I	L	L	L	O
S	E	Y	E	U	E	O	E	T	R	U
E	P	S	A	E	R	S	S	R	A	G
N	S	S	R	L	A	W	S	A	T	H
S	S	E	L	E	O	H	S	E	S	T
S	E	N	E	S	P	S	E	H	S	L
E	L	R	S	S	E	S	L	S	S	E
L	R	E	S	L	S	E	E	S	E	S
T	O	H	Q	I	T	L	M	S	L	S
H	E	T	S	O	H	T	I	E	T	N
G	R	E	S	T	S	U	T	L	O	E
I	O	G	O	U	E	G	S	Y	P	S
E	M	O	T	I	O	N	L	E	S	S
W	T	T	B	L	E	S	S	K	L	S

(Answers on pg 77)

#14
WHEN I GROW UP
(I wanna be ****)

ACCOUNTANT	FIREMAN
ACTOR	LAWYER
ATHLETE	OBSTETRICIAN
BAKER	PHOTOGRAPHER
BROKER	PILOT
CAPTAIN	PUBLISHER
CHEF	SECRETARY
CONSTRUCTION WORKER	SINGER
DIRECTOR	TEACHER
DOCTOR	TOOL AND DIE
ELECTRICIAN	VETERINARIAN
ENVIRONMENTALIST	WRITER
FARMER	

#14

E	T	N	A	T	N	U	O	C	C	A
N	D	I	R	E	C	T	O	R	O	C
V	F	P	Q	A	S	F	E	W	N	T
I	A	H	W	C	Q	I	I	S	S	O
R	R	O	N	H	U	R	D	K	T	R
O	M	T	A	E	R	E	D	I	R	P
N	E	O	I	R	E	M	N	R	U	O
M	R	G	C	E	G	A	A	B	C	R
E	N	R	I	T	N	N	L	Y	T	N
N	A	A	R	E	I	I	O	R	I	A
T	I	P	T	L	S	R	O	A	O	I
A	C	H	C	H	E	F	T	T	N	R
L	I	E	E	T	A	P	I	E	W	A
I	R	R	L	A	A	R	T	R	O	N
S	T	R	E	C	P	O	I	C	R	I
T	E	E	G	A	L	T	O	E	K	R
A	T	Y	S	I	E	C	K	S	E	E
C	S	W	P	R	U	O	S	D	R	T
G	B	A	K	E	R	D	E	X	T	E
V	O	L	I	B	H	A	Y	E	O	V

(Answers on pg 78)

#15
<u>HORSES & STUFF</u>

ACCENTRIC	MANE
ANGLO	MARE
APPALACHIAN	MINIATURE
APPALOOSA	MORGAN
ARABIAN	MUSTANGS
BEAUTIFUL	PINTO
BLANKET	QUARTER
BREADERS	RACERS
BRONCO	REINS
BRIDLE	SADDLE
BUGGY	SHETLAND
COLT	STALLION
FOAL	STIRRUPS
GALLOP	TAIL
HACKNEY	TROT
HARNESS	WILD
HORSESHOE	WELSH

N	O	I	L	L	A	T	S	D	E	Q
A	P	S	P	U	R	R	I	T	S	U
I	S	G	N	A	T	S	U	M	F	N
H	O	R	S	E	S	H	O	E	E	A
C	T	B	R	E	A	D	E	R	S	I
A	N	T	L	I	A	T	U	E	H	B
L	I	S	L	M	O	T	X	I	E	A
A	P	K	L	O	A	O	B	N	T	R
P	L	S	L	I	C	R	L	S	L	A
P	O	U	N	H	O	E	E	G	A	P
A	T	I	F	N	W	T	L	C	N	P
H	M	O	C	I	U	R	O	I	D	A
S	A	O	L	M	T	A	B	R	M	L
L	N	D	R	Y	S	U	L	T	T	O
E	E	W	B	G	E	Q	A	N	K	O
W	L	X	R	G	A	N	N	E	X	S
D	D	O	I	U	R	N	K	C	B	A
I	D	Y	D	B	S	R	E	C	A	R
G	A	L	L	O	P	I	T	A	A	R
D	S	Y	E	S	S	E	N	R	A	H

(Answers on pg 79)

#16
CIRCUS SIGHTS

ACROBATS	LAUGHTER
BALLOONS	LIGHTS
BEARS	LIONS
CHILDREN	LION TAMERS
CIRCUS TENT	PAINTED FACES
CLOWN CARS	POPCORN
CLOWNS	RING MASTER
COSTUMES	SMILES
COTTON CANDY	SWORD SWALLOWERS
ELEPHANTS	TIGERS
FIRE BREATHERS	TIGHT ROPE
HORSE	TRAPEZE ARTISTS
HORSE RIDERS	

"LAUGHTER IS <u>ALWAYS</u> THE BEST MEDICINE"

rr☺

H	O	R	S	E	R	I	D	E	R	S
E	P	O	R	T	H	G	I	T	E	W
S	A	B	T	I	H	Y	R	L	T	O
R	I	E	R	N	K	G	I	O	H	R
O	N	A	A	E	I	M	I	Q	G	D
H	T	R	P	R	S	T	M	L	U	S
Y	E	S	E	D	N	I	O	Q	A	W
S	D	S	Z	L	W	G	A	R	L	A
R	F	N	E	I	O	E	C	I	S	L
E	A	O	A	H	L	R	R	N	R	L
H	C	O	R	C	C	S	O	G	E	O
T	E	L	T	E	N	T	B	M	M	W
A	S	L	I	K	Z	O	A	A	A	E
E	E	A	S	W	G	V	T	S	T	R
R	M	B	T	L	X	A	S	T	N	S
B	U	Y	S	N	O	I	L	E	O	T
E	T	N	E	T	S	U	C	R	I	C
R	S	S	T	N	A	H	P	E	L	E
I	O	M	N	R	O	C	P	O	P	S
F	C	L	O	W	N	C	A	R	S	S

(Answers on pg 80)

#17
LET'S CRUNCH SOME NUMBERS

4 DIGITS	5 DIGITS
1870	11449
1964	12345
2011	19862
2344	22493
2789	26401
3333	35678
3502	36274
3967	39020
4035	40716
4798	44388
4916	49021
5199	53234
5214	57036
6252	63500
6390	65183
6653	67431
7185	78852
7726	79043
8031	84527
9009	90163

4	7	9	8	5	0	4	6	9	1	4
3	7	4	5	7	1	8	5	6	0	3
9	2	4	8	4	6	3	0	7	5	5
9	6	1	9	3	2	4	1	4	3	2
1	2	1	3	3	4	6	4	3	6	1
5	6	9	4	3	1	5	2	2	0	5
6	6	4	8	0	3	4	2	4	6	8
7	1	8	9	3	7	3	6	1	7	4
7	5	3	3	0	6	2	8	8	1	4
2	8	3	9	2	2	1	9	3	3	3
2	3	8	7	0	9	1	1	8	4	2
8	4	4	5	9	2	8	3	1	7	8
4	0	3	5	2	7	0	7	5	6	0
5	7	9	0	4	3	8	4	6	6	2
2	0	1	1	4	4	9	9	1	1	6
7	2	9	9	8	6	0	0	7	2	1
1	2	0	3	7	1	0	0	3	8	5
1	4	3	7	6	9	6	9	5	4	9
0	9	3	3	5	9	8	7	2	3	0
2	3	2	1	3	8	6	2	5	2	6

(Answers on pg 81)

#18
HOW MANY TIMES CAN YOU FIND "SHADOW"..

D
AD
ADO
HADO
SHADOW
ODAH
ODA
OD
D

S	H	A	D	O	W	O	O	S	W	S
S	H	W	O	D	A	H	S	H	H	S
S	H	A	D	O	W	D	D	A	A	H
H	W	O	D	A	H	S	D	D	O	A
A	O	W	W	O	H	O	S	O	W	D
D	S	O	O	A	W	H	S	W	O	O
O	D	H	D	D	A	H	O	O	D	W
W	S	O	A	D	A	D	A	D	A	O
O	W	W	O	D	A	H	S	A	H	D
D	D	W	O	H	O	H	S	H	S	A
A	O	W	S	H	W	W	H	S	H	H
H	S	W	O	D	A	H	S	H	A	S
S	S	H	A	D	O	W	H	A	D	H
H	S	H	A	D	O	W	A	D	O	A
W	S	H	A	D	O	W	D	O	W	D
O	W	O	D	A	H	S	O	W	O	O
D	W	O	D	A	H	S	W	A	D	W
A	A	W	O	D	A	H	S	H	A	A
H	S	O	W	O	D	A	H	S	H	S
S	S	H	A	D	O	W	S	W	S	H

(Answers on pg 82)

#19
THINGS THAT GET CUT

ALLOWANCE	MATERIAL
BRANCHES	METAL
CARDBOARD	PAPER
CLASSES	PART
CLOTHES	PATTERN
CONCRETE	POSITION
EATING	ROCK
EGO	ROPE
FILMS	SCENE
FINGERNAILS	SCHOOL PROGRAMS
FLOWERS	SPENDING
FOOD	TOE NAILS
FUNDING	TREES
GRASS	WAGES
HAIR	WOOD
JOBS	WORKING
LYRICS	

T	O	E	N	A	I	L	S	B	O	J
A	M	T	E	G	R	E	P	A	P	P
Z	I	E	R	O	O	G	E	Y	D	K
H	K	R	T	E	P	A	N	I	G	F
F	E	C	N	A	E	T	D	N	F	I
U	L	N	O	F	L	S	I	J	K	N
N	X	O	E	R	G	T	N	E	S	G
D	S	C	W	C	A	C	G	S	M	E
I	S	D	A	E	S	O	E	P	A	R
N	A	T	G	M	R	S	O	G	R	N
G	R	R	E	M	S	S	N	E	G	A
Q	G	A	S	A	I	I	C	N	O	I
L	W	P	L	T	K	N	V	R	R	L
A	F	C	I	R	A	B	S	E	P	S
I	D	O	O	W	B	R	C	T	L	C
R	N	W	O	F	L	U	I	T	O	I
E	C	L	O	T	H	E	S	A	O	R
T	L	O	S	M	L	I	F	P	H	Y
A	D	R	A	O	B	D	R	A	C	L
M	R	B	R	A	N	C	H	E	S	Z

(Answers on pg 83)

#20
HOW SHALL WE TRAVEL?

AMBULANCE	MOTORCYCLE
AUTOMOBILE	PLANE
BICYCLING	ROW BOAT
BUS	RUNNING
CAMPER	SCOOTER
CANOE	SHIP
COACH	STEAM LINER
FERRY	SUBWAY
HELICOPTER	TAXI CAB
HITCH HIKE	TROLLY
HORSE	TRUCK
HOUSE BOAT	WALKING
HURST	WHEELCHAIR
JET	YACHT
JOGGING	

R	M	E	C	N	A	L	U	B	M	A	
Q	E	O	H	T	S	R	U	H	T	U	
E	S	P	T	A	X	I	C	A	B	T	
G	S	C	M	O	N	A	H	C	E	O	
P	H	R	O	A	R	H	S	J	W	M	
R	E	I	O	O	C	C	P	U	Y	O	
E	L	O	T	H	T	L	Y	R	B	B	
N	I	F	B	C	A	E	R	C	S	I	
I	C	U	T	N	H	E	R	U	L	L	
L	O	M	E	H	F	H	B	L	Z	E	
M	P	Z	G	L	C	W	I	T	E	X	
A	T	R	U	N	A	A	C	K	O	E	
E	E	O	P	Y	I	S	Y	A	E	T	
T	R	W	R	I	D	K	C	U	R	T	
S	F	B	D	Y	H	Z	L	K	P	R	
W	E	O	N	A	C	S	I	A	Y	O	
C	O	A	C	H	E	B	N	M	W	L	
V	I	T	G	N	I	G	G	O	J	L	
R	U	N	N	I	N	G	J	X	M	Y	
A	X	T	A	O	B	E	S	U	O	H	

(Answers on pg 84)

#21
BABY SHOPPING

BABY TUB	LOTION
BIBS	OUTFITS
BODY WASH	PABLUM
BONNET	PLAY PEN
BOOTIES	RECEIVING BLANKETS
BOTTLES	RUBBER PANTS
BUGGY	SHAMPOO
CAR SEAT	SLEEPERS
CHANGING TABLE	SOCKS
CRIB	SUCKY
DIAPER	SWING
DRESSER	THERMOMETER
FORMULA	TOYS
HIGH CHAIR	UNDERSHIRTS

S	T	R	I	H	S	R	E	D	N	U
T	I	S	E	P	E	K	Y	U	M	M
N	Y	R	E	P	L	B	C	S	Y	R
A	S	G	A	L	U	A	L	O	E	S
P	Y	I	G	T	T	E	Y	S	S	T
R	D	K	Y	U	E	T	S	P	O	E
E	U	B	C	P	B	E	T	Y	E	K
B	A	A	E	U	R	N	S	O	L	N
B	O	R	A	D	S	N	F	D	B	A
U	S	S	E	I	T	O	O	B	A	L
R	N	T	Y	L	O	B	L	O	T	B
G	R	E	I	P	X	O	O	D	G	G
N	I	L	M	F	T	A	V	Y	N	N
I	A	A	Z	I	T	I	M	W	I	I
W	H	F	O	R	M	U	L	A	G	V
S	C	N	X	T	L	B	O	S	N	I
E	H	A	S	B	I	B	I	H	A	E
M	G	V	A	H	G	N	N	R	H	C
P	I	P	T	A	E	S	R	A	C	E
T	H	E	R	M	O	M	E	T	E	R

(Answers on pg 85)

#22
PLAY WITH NUMBERS

4 DIGITS	5 DIGITS
0642	00341
1268	16043
1981	24003
1986	24810
2096	29487
2477	33106
3355	33217
3946	40255
4892	41697
5010	51925
5103	57362
6048	62031
7359	69892
7726	75721
8530	77536
8822	78329
9614	85678
9631	94554

#22

2	0	9	8	2	6	9	2	4	2	6
4	0	6	8	4	1	6	7	3	2	3
8	1	5	2	6	8	1	3	0	6	7
1	4	6	2	0	2	4	3	1	8	6
0	3	0	1	5	0	1	2	0	4	2
6	9	1	2	6	3	7	5	9	4	9
6	2	3	1	3	5	9	3	5	6	8
8	3	3	1	7	4	0	2	5	5	4
9	8	7	6	5	8	3	5	3	1	3
1	7	8	5	5	0	1	0	5	9	0
9	5	4	7	5	7	7	8	1	7	2
7	9	6	1	4	1	8	4	7	3	9
5	0	9	2	8	2	2	0	8	5	6
4	2	4	6	9	3	3	6	1	9	8
5	2	9	8	2	3	9	0	4	1	2
6	4	9	7	1	6	3	8	3	5	0
2	6	5	1	3	6	3	0	0	8	2
7	6	8	1	9	3	5	1	0	7	4
7	9	3	0	0	7	5	7	7	4	2
1	7	2	6	3	5	7	7	8	9	2

(Answers on pg 86)

#23
<u>HOUSE HOLD ITEMS</u>

ALARM CLOCK	MICROWAVE
BEDS	OTTOMAN
BLENDER	OVEN
BOOK SHELVES	PETS
CHAIR	PICTURE
COMPUTER	POTS AND PANS
COUCH	REFRIDGERATOR
CUPS AND MUGS	ROCKING CHAIR
DESK	STEREO SYSTEM
DISHES	STOVE
DRESSER	TELEVISION
DRYER	UTENSILS
FREEZER	WALL UNIT
KITCHEN TABLE	WASHER

S	N	A	P	D	N	A	S	T	O	P
S	W	A	L	L	U	N	I	T	A	M
E	L	E	T	R	E	H	S	A	W	Z
H	S	I	E	R	U	T	C	I	P	H
S	R	Y	S	Z	I	R	I	A	H	C
I	R	E	D	N	E	L	B	P	D	U
D	E	B	D	R	E	S	S	E	R	O
L	F	U	Q	K	V	T	G	T	V	C
E	R	C	S	O	A	O	U	S	R	M
L	I	E	B	T	W	V	M	T	I	E
B	D	H	O	T	O	E	D	E	A	T
A	G	R	O	O	R	W	N	L	H	S
T	E	E	K	M	C	K	A	E	C	Y
N	R	T	S	A	I	R	S	V	G	S
E	A	U	H	N	M	E	P	I	N	O
H	T	P	E	C	Y	Z	U	S	I	E
C	O	M	L	S	N	E	C	I	K	R
T	R	O	V	D	O	E	F	O	C	E
I	C	C	E	E	X	R	V	N	O	T
K	P	J	S	B	G	F	N	O	R	S

(Answers on pg 87)

#24
<u>YARD DÉCOR</u>

CAST IRON ITEMS	PATIO FURNITURE
CHIMES	PATIO STONES
FENCE	PLAQUES
FLAGS	ROCK GARDEN
FLOWERS	ROCKS
FLOWER BOXES	STATUES
GARDEN	STEPPING STONES
GAZEBO	STONES
GNOMES	TIKI TORCH
HANGING POTS	TREES
HANGING SWING	TRELASS
LIGHTS	WEATHER VANE
PATIO	

#24

W	E	A	T	H	E	R	V	A	N	E	
A	U	H	C	R	O	T	I	K	I	T	
H	A	N	G	I	N	G	P	O	T	S	
F	N	S	T	H	G	I	L	R	A	E	
X	E	E	S	T	O	N	E	S	C	U	
P	D	N	I	H	R	E	Q	H	E	J	
A	R	O	C	K	S	A	I	D	C	S	
T	A	T	Y	S	R	M	S	S	A	E	
I	G	S	R	Z	E	P	E	O	S	N	
O	N	O	O	S	W	M	X	S	T	O	
F	I	I	C	M	O	G	O	S	I	T	
U	W	T	K	N	L	Z	B	A	R	S	
R	S	A	G	W	F	K	R	L	O	G	
N	G	P	A	T	I	O	E	E	N	N	
I	N	B	R	N	O	S	W	R	I	I	
T	I	V	D	B	Y	G	O	T	T	P	
U	G	S	E	U	Q	A	L	P	E	P	
R	N	Z	N	T	I	L	F	O	M	E	
E	A	E	C	N	E	F	X	Z	S	T	
G	H	L	C	S	E	U	T	A	T	S	

(Answers on pg 88)

#25
ANYONE FOR A PICNIC?

ANTS	PICNIC TABLE
BARBEQUE	PLASTIC UTENSILS
BEES	PLATES
BIRDS CHIRPING	PLAY
BLANKET	PLAY CATCH
BUG SPRAY	RADIO
CHICKEN	READ
DRINKS	RELAX
FRISBIE	SALAD
MACARONI	SANDWICHES
MOSQUITOS	SUNNY DAY
NAP	SWIMMING
NAPKINS	TABLE CLOTH
PAPER CUPS	TAG
PICNIC BASKET	

B	A	H	C	T	A	C	Y	A	L	P
U	S	W	I	M	M	I	N	G	Q	G
G	P	D	A	E	R	L	T	S	M	I
S	I	P	L	A	Y	E	N	O	N	F
P	C	E	R	W	K	I	S	O	B	P
R	N	A	P	N	K	Q	R	V	I	S
A	I	K	A	P	U	A	G	E	R	L
Y	C	L	A	I	C	A	R	L	D	I
A	B	N	T	A	T	E	T	B	S	S
D	A	O	M	J	L	D	M	A	C	N
Y	S	T	N	A	R	F	N	T	H	E
N	K	I	X	I	R	D	B	C	I	T
N	E	H	N	I	W	S	A	I	R	U
U	T	K	S	I	A	S	R	N	P	C
S	S	B	C	L	O	E	B	C	I	I
C	I	H	A	I	S	E	E	I	N	T
E	E	D	D	B	H	B	Q	P	G	S
S	P	A	P	E	R	C	U	P	S	A
N	R	Y	P	L	A	T	E	S	X	L
H	T	O	L	C	E	L	B	A	T	P

(Answers on pg 89)

#26
LIFE IN THE WILD

ANTELOPE	HIENNA
BATS	HIPPOPOTAMUS
BEAR	HORSE
BUFFALO	JAGUAR
CHEETAH	KANGAROO
CROCODILE	KOALA
DEER	LEOPARD
DINGO	LION
EAGLE	LLAMA
ELEPHANT	MONKEY
ELK	OSTRICH
EMU	PANTHER
FLAMINGO	PEACOCK
FOX	RHINOCERUS
GIRAFFE	WOLF
HAWK	ZEBRA

P	A	N	T	H	E	R	Z	W	C	I
E	F	A	O	H	N	A	R	B	E	Z
L	L	Z	N	O	G	N	I	D	H	J
E	O	H	I	R	W	R	H	V	L	A
P	W	L	I	S	E	C	B	F	L	G
H	R	S	D	E	I	R	U	O	A	U
A	A	O	D	R	N	P	F	X	M	A
N	L	J	T	R	E	N	F	R	A	R
T	A	S	P	A	A	S	A	A	A	S
E	O	U	C	B	G	P	L	E	N	U
Y	K	O	R	S	A	I	O	B	T	M
E	C	G	O	B	E	T	L	E	E	A
K	H	N	C	R	K	L	S	A	L	T
N	E	I	O	K	A	X	G	I	O	O
O	E	M	D	E	N	G	G	A	P	P
M	T	A	I	M	S	A	N	T	E	O
C	A	L	L	U	T	Q	F	N	L	P
M	H	F	E	O	L	H	A	W	K	P
O	G	I	R	A	F	F	E	Y	G	I
R	H	I	N	O	C	E	R	U	S	H

(Answers on pg 90)

#27
HANGMAN ANYONE!?

1) A _ _ A _ A _ _ S	15) _ N _ _ N _ TY
2) A _ _ EN _ I _ E	16) _ U _ _ LE
3) _ AS _ E _	17) _ I _ I
4) CHA _ _ E _	18) _ A _ OR
5) D _ T _ _ M _ _ AT _ O _	19) _ U _ _ ET
6) E _ R _ H	20) _ O _ K _ T _ _ U _ _ L _ S
7) _ NC _ CLOP _ DI _	21) P _ EM _ _ ITI _ _
8) EX _ _ A _ _ IO _	22) P _ E _ E _ _ IO _ S
9) F _ _ T _ SI _ E	23) P _ O _ E
10) FE _ _ ILI _ E	24) _ _ A _ TE _
11) _ U _ _ Y	25) _ O _ A _ _ IC
12) _ _ R _ IN _ T _	26) _ AR _ A _ TI _
13) G _ AM _ _ R	27) V _ YA _ E _
14) HO _ _ ST _	

P	R	E	M	O	N	I	T	I	O	N
O	E	L	G	G	U	J	W	R	G	E
C	Y	T	I	N	I	F	N	I	T	M
K	A	T	E	G	G	U	N	A	K	W
E	I	H	R	O	M	A	N	T	I	C
T	D	Q	D	F	U	I	F	S	B	X
P	E	L	R	E	M	R	A	H	C	V
U	P	E	A	R	T	H	N	C	T	N
Z	O	F	E	T	S	O	T	I	P	O
Z	L	G	X	A	U	R	A	T	R	I
L	C	Q	T	L	T	U	S	S	E	T
E	Y	U	R	I	A	O	I	A	T	A
S	C	A	A	Z	R	M	Z	C	E	N
K	N	R	C	E	A	A	E	R	N	I
T	E	T	T	J	P	L	E	A	T	M
E	A	E	I	R	P	G	E	S	I	R
K	P	R	O	Y	A	M	I	N	O	E
S	C	V	N	Y	N	N	U	F	U	T
A	E	H	O	N	E	S	T	Y	S	E
B	E	V	I	T	N	E	T	T	A	D

(Answers on pg 91)

#28
LET'S GO CAMPING

AIR MATTRESS	HIBACHI
BACON AND EGGS	HIKING
BARBEQUE	ICE
BLANKETS	MATCHES
BUGS	PILLOW
CAMPER	POLES
CAMP FIRE	POTS AND PANS
COALS	PUBLIC WASHROOMS
COFFEE	SLEEPING BAGS
COOLER	SUN SCREEN
CONDIMENTS	TACKLE
FISH	TENT
FLASHLIGHTS	TOAST MARSHMELLOWS
GHOST STORY	TOWELS

S	S	E	R	T	T	A	M	R	I	A
G	H	O	S	T	S	T	O	R	Y	Z
H	O	N	E	E	R	C	S	N	U	S
I	B	S	L	E	W	O	T	S	T	C
K	S	T	N	E	M	I	D	N	O	C
I	A	H	E	L	A	F	D	A	A	S
N	C	G	R	K	T	I	L	P	S	M
G	S	I	E	C	C	S	E	D	T	O
S	L	L	L	A	H	H	U	N	M	O
G	E	H	O	T	E	Q	E	A	A	R
G	E	S	O	X	S	T	E	S	R	H
E	P	A	C	C	H	R	U	T	S	S
D	I	L	A	O	I	E	Q	O	H	A
N	N	F	R	F	B	P	E	P	M	W
A	G	O	P	F	A	M	B	O	E	C
N	B	M	S	E	C	A	R	L	L	I
O	A	I	G	E	H	C	A	E	L	L
C	G	C	U	A	I	F	B	E	O	B
A	S	E	B	P	I	L	L	O	W	U
B	L	A	N	K	E	T	S	X	S	P

(Answers on pg 93)

#29
SPORTS WORLD

BASEBALL	RELAY
BASKETBALL	ROCK CLIMBING
CURLING	ROWING
CYCLING	RUGBY
DIVING	SHOTPUT
FISH	SKIING
FOOTBALL	SOCCER
GOLF	SPEED SKATING
HIGH JUMP	SQUASH
HOCKEY	SWIMMING
HUNTING	TENNIS
LACROSSE	TRACK AND FIELD
LONG JUMP	WRESTLE
POLE VAULTING	

#29

A	L	L	A	B	T	E	K	S	A	B
G	S	W	I	M	M	I	N	G	E	I
C	N	H	T	E	L	T	S	E	R	W
G	U	I	O	R	O	W	I	N	G	S
E	D	R	L	T	C	O	F	U	P	D
P	S	X	L	C	P	G	O	H	M	R
W	P	S	H	I	Y	U	O	K	U	V
N	E	O	O	F	N	C	T	G	J	T
G	E	C	B	R	K	G	B	N	H	R
N	D	C	F	E	C	Y	A	I	G	A
I	S	E	Y	A	E	A	L	T	I	C
B	K	R	F	I	S	H	L	L	H	K
M	A	G	G	N	I	T	N	U	H	A
I	T	S	N	J	R	E	L	A	Y	N
L	I	E	E	I	G	N	I	V	I	D
C	N	K	N	B	I	F	H	E	J	F
K	G	M	Q	N	A	K	L	L	Z	I
C	R	I	C	Y	I	L	S	O	L	E
O	H	S	A	U	Q	S	L	P	G	L
R	D	P	M	U	J	G	N	O	L	D

(Answers on pg 94)

#30
<u>JUST WORDS</u>

ARSENOPYRITE	ECLAMPSIA
ARTHROSCOPY	EKISTIC
BADDIE	GAUFFER
BRAIN	GESTALT
BEIGNET	JUNTA
BELABOR	JACAMAR
CAMORRA	JAIALAI
CARILLON	NAUTCH
CHACONNE	NECROTIZING
CLATHRATE	THINK
DACAPO	QINTAR
DEARTH	QUADRIGA
DIAPASON	ZADDK
DODDERED	ZENITHAL

Y	P	O	C	S	O	R	H	T	R	A
B	E	L	A	B	O	R	H	E	R	E
A	N	I	A	R	B	I	F	R	N	T
Q	O	B	J	S	N	F	O	N	J	E
X	S	N	P	K	U	M	O	A	L	N
O	A	T	F	A	A	C	C	K	A	G
I	P	L	G	C	A	A	A	U	H	I
A	A	A	C	H	M	Y	T	E	T	E
R	I	T	C	A	F	C	I	E	I	B
S	D	S	R	A	H	D	G	R	N	G
E	D	E	R	E	D	D	O	D	E	N
N	Q	G	S	A	J	E	J	T	Z	I
O	I	U	B	C	V	A	A	E	K	Z
P	N	O	L	L	I	R	A	C	Z	I
Y	T	B	O	A	H	T	L	M	A	T
R	A	Z	L	T	N	H	S	H	D	O
I	R	A	A	U	T	D	D	I	D	R
T	I	L	J	L	C	W	G	M	K	C
E	C	A	I	S	P	M	A	L	C	E
Q	U	A	D	R	I	G	A	C	H	N

(Answers on pg 95)

ANSWERS FOR VOLUME # 1 To "THIS & THAT" FIND A WORD

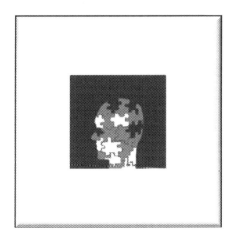

rr☺

L	O	V	E	B	Y	K	I	Q	L	E	S	N	I	T	S
E	E	P	R	E	S	E	N	T	S	S	Z	L	O	U	C
K	Z	S	K	Q	A	S	J	K	M	A	H	G	U	T	H
I	X	R	M	Z	W	E	Z	I	N	N	E	K	A	F	R
S	U	E	I	O	B	D	Q	G	S	T	T	E	A	I	I
T	H	M	B	U	I	N	E	O	H	A	E	M	D	F	S
O	P	A	A	T	O	L	Y	E	A	C	I	L	R	U	T
C	W	E	T	S	S	I	R	E	J	L	I	F	E	L	M
K	O	R	N	H	H	N	U	R	Y	A	B	L	S	L	A
I	O	T	A	N	E	E	J	S	E	U	A	Y	S	U	S
N	Y	S	S	U	K	D	A	Y	S	Z	I	I	M	T	
G	A	K	S	N	G	D	D	P	L	E	I	L	N	P	R
S	D	F	U	O	G	N	I	L	O	R	A	C	G	Y	E
J	H	W	M	B	R	B	M	I	S	T	L	E	T	O	E
S	T	K	Y	B	A	J	M	P	E	N	A	O	E	F	S
J	R	B	N	I	A	E	E	L	I	G	H	T	S	O	O
R	I	E	O	R	N	A	M	E	N	T	S	V	O	R	X
C	B	E	N	Y	S	N	O	I	T	A	R	O	C	E	D
N	F	E	A	R	I	X	L	C	S	E	L	E	B	V	S
F	O	R	G	I	V	E	N	E	S	S	E	M	Y	E	R

5	4	9	3	0	6	9	5	1	4	7
3	7	4	2	8	1	9	8	0	1	4
7	0	1	4	9	7	1	3	2	2	1
8	0	9	9	0	0	3	4	8	0	6
3	7	9	1	6	2	0	1	3	0	8
2	7	1	0	1	4	6	5	2	6	3
0	5	5	5	5	1	4	0	4	9	6
0	9	7	9	3	6	2	9	5	3	4
5	1	2	3	1	3	4	6	7	6	3
9	5	3	6	4	5	7	0	5	5	5
1	6	8	4	5	8	2	8	6	5	2
0	8	4	3	9	3	0	3	1	2	9
5	4	1	6	7	0	3	2	7	2	5
4	3	0	7	1	7	6	0	7	1	8
3	0	2	3	3	7	8	3	8	7	0
8	7	6	1	0	2	3	9	9	4	3
1	0	8	0	3	8	1	0	8	3	2
5	3	9	2	7	3	2	7	0	8	7
3	3	6	6	9	1	0	0	6	0	3
9	1	6	8	8	5	4	2	0	7	6

P	S	A	C	I	T	S	E	M	O	D
I	U	N	O	I	L	C	A	A	O	R
E	O	D	G	L	H	U	G	M	D	O
R	I	E	S	M	E	N	I	L	E	F
C	R	I	H	Q	B	N	L	E	U	W
I	U	Z	O	F	A	I	E	R	A	G
N	C	S	W	N	O	N	Y	L	F	N
G	L	L	C	E	H	G	C	S	E	I
E	A	E	A	P	A	N	T	H	E	R
Y	I	E	T	R	T	E	R	A	N	R
E	R	K	S	O	E	S	E	R	O	U
S	O	S	B	W	E	S	V	P	I	P
S	T	L	O	L	H	O	I	T	S	A
S	I	I	U	S	C	S	T	E	I	T
E	R	A	N	T	R	R	C	E	V	I
L	O	T	C	R	O	E	E	T	T	E
R	R	G	Y	I	A	T	T	H	H	N
A	R	N	B	P	R	N	O	T	G	T
E	E	O	K	E	S	U	R	K	I	L
F	T	L	W	S	E	H	P	Q	N	L

K	K	P	I	N	E	A	P	P	L	E
I	S	P	R	U	C	E	L	I	U	V
P	E	A	P	L	A	T	A	C	H	E
T	I	I	M	R	T	L	A	R	P	R
C	N	Z	O	Q	R	L	Q	A	Y	G
E	S	N	U	W	Y	P	U	N	K	R
N	W	O	N	P	N	U	D	A	G	R
I	J	I	T	E	A	W	O	P	D	E
R	O	U	A	J	G	O	G	P	T	E
A	S	R	I	Y	O	L	W	L	E	N
T	H	E	N	R	H	L	O	E	N	P
C	U	C	A	R	A	I	O	F	A	L
E	A	U	S	E	M	W	D	G	L	U
N	L	R	H	B	Y	G	T	C	L	O
A	Q	P	I	L	E	N	A	A	O	C
P	X	S	A	U	R	I	P	H	H	H
P	U	E	O	M	S	P	I	C	C	E
L	I	U	M	J	D	E	A	R	Z	R
E	E	L	P	A	M	E	N	I	Y	R
O	E	B	S	D	P	W	R	B	M	Y

O	I	P	R	E	P	A	R	I	N	G
Q	B	O	M	B	A	R	D	I	N	G
S	A	U	N	T	E	R	I	N	G	G
G	R	R	P	G	E	C	R	N	N	G
N	T	I	A	N	S	A	I	I	N	G
I	E	N	Q	K	R	R	R	I	N	C
R	R	G	E	I	E	E	R	I	H	G
E	I	J	N	T	T	U	R	E	N	F
H	N	G	I	E	T	E	E	L	G	G
T	G	O	E	A	N	R	H	O	N	G
A	L	T	E	R	I	N	G	D	I	N
G	U	F	O	N	B	L	M	A	R	I
N	Z	C	G	N	I	D	N	U	O	R
I	G	N	I	R	U	S	S	A	C	O
R	I	N	D	O	W	R	S	J	S	B
E	E	N	D	E	R	I	N	G	O	R
T	H	E	R	R	I	N	G	R	T	A
A	D	I	F	F	E	R	I	N	G	H
W	N	K	I	J	G	N	I	R	A	D
G	N	I	R	E	G	N	A	D	N	E

B	D	L	I	W	E	H	T	S	L	I
E	N	N	A	Z	R	A	T	O	T	E
A	A	W	A	L	L	E	I	O	V	K
U	P	E	C	X	H	H	Y	W	B	Y
T	R	S	R	A	C	S	F	W	O	P
Y	E	K	I	O	T	J	O	H	H	M
A	T	L	N	O	I	U	O	I	O	A
N	E	I	R	N	T	M	M	T	O	R
D	P	Y	Q	I	S	P	E	P	P	T
T	O	O	B	J	D	I	E	X	E	T
H	C	M	N	P	N	N	G	S	H	H
E	A	D	A	Y	A	W	N	O	T	T
B	H	E	F	E	O	A	I	L	E	D
E	O	C	D	A	L	A	D	D	I	N
A	N	R	U	U	I	G	N	D	N	A
S	T	O	M	P	L	R	I	O	N	Y
T	I	F	B	O	L	T	F	G	I	D
I	S	G	O	M	U	H	Z	S	W	A
F	A	N	T	A	S	I	A	D	X	L
O	C	I	N	D	E	R	E	L	L	A

A	V	I	A	T	E	R	U	L	L	A
S	C	E	B	O	D	A	T	G	E	A
C	U	C	J	T	A	S	A	C	B	V
E	L	I	H	W	A	I	N	O	I	E
R	Y	V	K	E	R	A	R	X	N	R
T	O	D	A	F	I	I	S	A	T	A
A	H	A	P	L	G	S	J	I	T	G
N	E	X	L	I	A	B	A	T	E	E
E	T	A	N	R	E	T	L	A	S	A
T	A	E	L	B	A	R	I	M	D	A
A	N	B	Z	C	T	Y	E	O	E	L
L	E	Q	H	E	E	N	R	L	I	A
U	I	E	O	L	A	A	I	A	P	E
C	L	S	S	L	B	B	N	P	T	L
I	A	I	P	L	O	D	L	A	V	B
T	A	R	E	M	E	E	U	L	O	M
R	I	A	O	S	A	Q	U	I	R	E
A	C	T	I	V	E	M	W	D	O	S
Z	U	T	A	D	V	A	N	C	E	S
A	E	T	A	T	I	L	I	B	A	A

#8

```
C  D  K  F  R  S  O  R  R  N  I  B
A  I  W  O  L  V  E  R  R  I  N  E
P  N  A  M  T  A  B  M  G  V  A  S
T  V  H  R  B  A  S  T  H  I  S  T
A  I  C  E  M  A  N  T  C  S  H  O
I  S  S  F  T  N  O  E  R  B  R  R
N  I  T  R  N  A  M  T  R  A  B  N
A  B  N  U  A  M  R  H  A  L  R  R
M  L  A  S  M  R  F  I  W  E  L  N
E  E  M  R  O  E  A  N  W  L  O  R
R  M  R  E  W  D  N  G  E  O  M  R
I  A  E  V  R  I  T  P  R  M  A  E
C  N  P  L  E  P  A  I  S  A  N  T
A  A  U  I  D  S  S  E  H  N  K  N
W  M  S  S  N  T  T  U  A  K  L  A
N  A  M  N  O  R  I  K  Z  L  U  L
Q  U  L  R  W  S  C  B  A  U  H  E
O  Q  M  R  O  B  I  N  M  H  A  E
D  A  R  E  D  E  E  V  I  L  A  R
A  P  H  Y  A  R  G  E  N  E  G
```

T	F	U	T	Y	D	N	A	C	I	C
R	O	S	A	S	H	A	R	O	N	H
A	I	Z	Y	N	O	E	P	G	L	R
C	R	L	E	M	X	O	E	F	U	Y
E	I	S	O	O	P	R	O	A	M	S
L	S	J	L	C	A	A	K	I	E	A
I	P	H	I	N	U	B	N	P	X	N
U	P	S	I	E	Q	S	V	S	D	T
M	S	U	N	V	E	H	T	A	Y	H
H	M	H	S	E	Y	E	H	C	A	E
T	U	T	E	D	S	L	T	N	R	M
A	I	N	G	O	I	E	Y	O	N	U
E	N	A	R	A	L	H	I	G	U	M
R	A	I	C	O	T	A	C	A	F	Y
B	R	D	I	U	I	R	X	R	N	S
S	E	V	L	N	D	A	L	D	O	I
Y	G	I	O	M	S	O	C	P	T	A
B	P	R	A	Z	A	L	I	A	T	D
A	O	R	E	W	O	L	F	N	U	S
B	E	I	N	N	A	E	P	S	B	O

T	T	E	J	N	A	O	J	R	P	P
V	I	S	A	G	E	O	O	S	O	A
A	H	Y	T	R	N	C	U	E	H	T
X	N	G	A	O	P	A	R	E	E	B
E	E	T	S	E	O	C	N	G	A	E
N	T	I	D	W	P	I	E	E	R	N
E	O	A	I	R	Y	R	Y	E	T	A
P	S	I	E	O	G	E	Z	B	A	T
H	T	O	S	L	G	M	E	K	S	A
S	A	S	P	X	I	A	W	T	I	R
A	R	F	Y	X	T	V	I	F	A	O
L	P	D	B	L	E	N	E	E	U	Q
F	O	R	E	I	G	N	E	R	T	P
R	I	S	I	J	O	O	S	L	O	P
E	N	A	R	N	Y	T	E	U	P	A
T	T	A	U	S	C	S	L	M	I	Z
R	I	U	S	U	X	E	G	O	A	O
A	Q	I	H	N	E	B	N	L	Y	C
U	K	C	I	R	T	P	A	E	H	C
Q	Y	T	D	M	A	B	B	A	R	O

F	B	A	L	E	U	C	S	E	A	L
E	A	E	G	O	D	I	S	L	E	O
L	S	S	I	X	M	R	W	O	R	D
I	A	O	I	B	A	A	N	R	Y	K
Z	C	U	A	T	I	L	E	U	B	A
C	U	O	S	Y	D	P	U	T	T	V
U	O	Y	H	M	F	O	A	N	A	O
M	Y	E	O	A	A	C	W	C	A	Y
P	K	V	U	U	H	M	A	N	S	A
L	N	O	S	N	L	T	A	U	A	D
E	A	L	E	O	I	R	S	A	I	H
A	H	I	O	O	M	E	T	R	C	T
N	T	H	N	M	A	E	E	B	A	R
O	C	A	M	A	C	A	L	A	R	I
S	E	L	O	B	R	A	M	L	G	B
R	Z	Y	M	M	O	M	G	A	Q	Y
S	I	E	N	T	A	T	E	P	B	P
J	E	S	T	R	E	L	L	A	S	P
O	T	A	G	O	T	O	B	E	D	A
V	A	C	A	C	I	O	N	E	S	H

#12

```
A D E E H C T O C S M
Q F L O R E N T I N E
U F S S O U F F L E D
L B E N E D I C T B I
O F R I T T A T A D T
T R I T O R S N E E E
I I F G C G A L P H R
R T P K E N B B D C R
R T M W A M A E E U A
U E A I A G L P L O N
B R C R H L A O O P E
T S C D I T O P H H A
S S A V O Q E E E U N
A D E M U J U Y H E D
F D I I D Q F E T V E
K C C B E N E X N O I
A H G B G E A O I S R
E F R I E D Y R G G F
R A G K A L L I G I B
B A K E D C H E E S Y
```

```
L  S  S  E  L  T  E  K  C  O  P
I  S  A  G  E  L  E  S  S  B  O
F  E  S  S  E  L  D  R     O  C
E  L  K  E  S  I  O  A  S  S  E
L  H  A  S  L  S  I  T  S  S  T
E  C  T  W  C  N  E  E  E     H
S  A  J  F  L  M  I  L  L  R  O
S  E  Y  E  U  E  O  E  T  R  U
E  P  S  A  E  R  S  S  R  A  G
N  S  S  R  L  A  W  S  A  T  H
S  S  E  L  E  O  H  S  E  S  T
S  E  N  E  S  P  S  E  H  S  L
E  L  R  S  S  E  S  L  S  S  E
L  R  E  S  L  S  E  E  S  E  S
T  O  H  Q  I  T  L  M  S  L  S
H  E  T  S  O  H  T  I  E  T  N
G  R  E  S  T  S  U  T  L  O  E
I  O  G  O  U  E  G  S  Y  P  S
E  M  O  T  I  O  N  L  E  S  S
W  T  T  B  L  E  S  S  K  L  S
```

E	T	N	A	T	N	U	O	C	C	A
N	D	I	R	E	C	T	O	R	O	C
V	F	P	Q	A	S	F	E	W	N	A
I	A	H	W	C	Q	I	I	S	S	O
R	R	O	N	H	U	R	D	K	T	R
O	M	T	A	E	R	E	D	I	R	P
N	E	O	I	R	E	M	N	R	U	O
M	R	G	C	E	G	A	A	B	C	R
E	N	R	I	T	N	N	L	Y	T	N
N	A	A	R	E	I	I	O	R	I	A
T	I	P	T	L	S	R	O	A	O	I
A	C	H	C	H	E	F	T	T	O	R
L	I	E	E	T	A	P	I	E	W	A
I	R	R	L	A	A	R	T	R	O	N
S	T	R	E	C	P	O	I	C	R	I
T	E	E	G	A	L	T	O	E	K	R
A	T	Y	S	I	E	C	K	S	E	E
C	S	W	P	R	U	O	S	D	R	T
G	B	A	K	E	R	D	E	X	T	E
V	O	L	I	B	H	A	Y	E	O	V

N	O	I	L	L	A	T	S	D	E	Q
A	P	S	P	U	R	R	I	T	S	U
I	S	G	N	A	T	S	U	M	F	N
H	O	R	S	E	S	H	O	E	E	A
C	T	B	R	E	A	D	E	R	S	I
A	N	T	L	I	A	T	U	E	H	B
L	I	S	L	M	O	T	X	I	E	A
A	P	K	L	O	A	O	B	N	T	R
P	L	S	L	I	C	R	L	S	L	A
P	O	U	N	H	O	E	E	G	A	P
A	T	I	F	N	W	T	L	C	N	P
H	M	O	C	I	U	R	O	I	D	A
S	A	O	L	M	T	A	B	R	M	L
L	N	D	R	Y	S	U	L	T	T	O
E	E	W	B	G	E	Q	A	N	K	O
W	L	X	R	G	A	N	N	E	X	S
D	D	O	I	U	R	N	K	C	B	A
I	D	Y	D	B	S	R	E	C	A	R
G	A	L	L	O	P	I	T	A	A	R
D	S	Y	E	S	S	E	N	R	A	H

H	O	R	S	E	R	I	D	E	R	S
E	P	O	R	T	H	G	I	T	E	W
S	A	B	T	I	H	Y	R	L	T	O
R	I	E	R	N	K	G	I	O	H	R
O	N	A	A	E	I	M	I	Q	G	D
H	T	R	P	R	S	T	M	L	U	S
Y	E	S	E	D	N	I	O	Q	A	W
S	D	S	Z	L	W	G	A	R	L	A
R	F	N	E	I	O	E	C	I	S	L
E	A	O	A	H	L	R	N	R	R	L
H	C	O	R	C	C	S	O	G	E	O
T	E	L	T	E	N	T	B	M	M	W
A	S	L	I	K	Z	O	A	A	A	E
E	E	A	S	W	G	V	T	S	T	R
R	M	B	T	L	X	A	S	T	N	S
B	U	Y	S	N	O	I	L	E	O	T
E	T	N	E	T	S	U	C	R	I	C
R	S	S	T	N	A	H	P	E	L	E
I	O	M	N	R	O	C	P	O	P	S
F	C	L	O	W	N	C	A	R	S	S

4	7	9	8	5	0	4	6	9	1	4
3	7	4	5	7	1	8	5	6	0	3
9	2	4	8	4	6	3	0	7	5	5
9	6	1	9	3	2	4	1	4	3	2
1	2	1	3	3	4	6	4	3	6	1
5	6	9	4	3	1	5	2	2	0	5
6	6	4	8	0	3	4	2	4	6	8
7	1	8	9	3	7	3	6	1	7	4
7	5	3	3	0	6	2	8	8	1	4
2	8	3	9	2	2	1	9	3	3	3
2	3	8	7	0	9	1	1	8	4	2
8	4	4	5	9	2	8	3	1	7	8
4	0	3	5	2	7	0	7	5	6	0
5	7	9	0	4	3	8	4	6	6	2
2	0	1	1	4	4	9	9	1	1	6
7	2	9	9	8	6	0	0	7	2	1
1	2	0	3	7	1	0	0	3	8	5
1	4	3	7	6	9	6	9	5	4	9
0	9	3	3	5	9	8	7	2	3	0
2	3	2	1	3	8	6	2	5	2	6

#18

S	H	A	D	O	W	O	O	S	W	S
S	H	W	O	D	A	H	S	H	H	S
S	H	A	D	O	W	D	D	A	A	H
H	W	O	D	A	H	S	D	D	O	A
A	O	W	W	O	H	O	S	O	W	D
D	S	O	O	A	W	H	S	W	O	O
O	D	H	D	D	A	H	O	O	D	W
W	S	O	A	D	A	D	A	D	A	O
O	W	W	O	D	A	H	S	A	H	D
D	D	W	O	H	O	H	S	H	S	A
A	O	W	S	H	W	W	H	S	H	H
H	S	W	O	D	A	H	S	H	A	S
S	S	H	A	D	O	W	H	A	D	H
H	S	H	A	D	O	W	A	D	O	A
W	S	H	A	D	O	W	D	O	W	D
O	W	O	D	A	H	S	O	W	O	O
D	W	O	D	A	H	S	W	A	D	W
A	A	W	O	D	A	H	S	H	A	A
H	S	O	W	O	D	A	H	S	H	S
S	S	H	A	D	O	W	S	W	S	H

(35 TIMES)

T	O	E	N	A	I	L	S	B	O	J
A	M	T	E	G	R	E	P	A	P	P
Z	I	E	R	O	O	G	E	Y	D	K
H	K	R	T	E	P	A	N	I	G	F
F	E	C	N	A	E	T	D	N	F	I
U	L	N	O	F	L	S	I	J	K	N
N	X	O	E	R	G	T	N	E	S	G
D	S	C	W	C	A	C	G	S	M	E
I	S	D	A	E	S	O	E	P	A	R
N	A	T	G	M	R	S	O	G	R	N
G	R	R	E	M	S	S	N	E	G	A
Q	G	A	S	A	I	I	C	N	O	I
L	W	P	L	T	K	N	V	R	R	L
A	F	C	I	R	A	B	S	E	P	S
I	D	O	O	W	B	R	C	T	L	C
R	N	W	O	F	L	U	I	T	O	I
E	C	L	O	T	H	E	S	A	O	R
T	L	O	S	M	L	I	F	P	H	Y
A	D	R	A	O	B	D	R	A	C	L
M	R	B	R	A	N	C	H	E	S	Z

R	M	E	C	N	A	L	U	B	M	A
Q	E	O	H	T	S	R	U	H	T	U
E	S	P	T	A	X	I	C	A	B	T
G	S	C	M	O	N	A	H	C	E	O
P	H	R	O	A	R	H	S	J	W	M
R	E	I	O	O	C	C	P	U	Y	O
E	L	O	T	H	T	L	Y	R	B	B
N	I	F	B	C	A	E	R	C	S	I
I	C	U	T	N	H	E	R	U	L	L
L	O	M	E	H	F	H	B	L	Z	E
M	P	Z	G	L	C	W	I	T	E	X
A	T	R	U	N	A	A	C	K	O	E
E	E	O	P	Y	I	S	Y	A	E	T
T	R	W	R	I	D	K	C	U	R	T
S	F	B	D	Y	H	Z	L	K	P	R
W	E	O	N	A	C	S	I	A	Y	O
C	O	A	C	H	E	B	N	M	W	L
V	I	T	G	N	I	G	G	O	J	L
R	U	N	N	I	N	G	J	X	M	Y
A	X	T	A	O	B	E	S	U	O	H

```
S  T  R  I  H  S  R  E  D  N  U  M
T  I  S  E  P  E  K  Y  U  M  M
N  Y  R  S  P  L  B  C  S  Y  R
A  S  G  A  E  U  A  L  O  E  S
P  Y  I  G  T  L  E  Y  S  S  T
R  D  K  Y  U  E  T  S  P  O  E  K
E  U  B  C  P  B  E  T  Y  E  K
B  A  A  E  U  R  N  S  O  L  N
B  O  R  A  D  S  N  F  D  B  A
U  S  S  E  I  T  O  O  B  A  L
R  N  T  Y  L  O  B  L  O  T  B
G  R  E  I  P  X  O  O  D  G  G
N  I  L  M  F  T  A  V  Y  N  N
I  A  A  Z  I  T  I  M  W  I  I
W  H  F  O  R  M  U  L  A  G  V
S  C  N  X  T  L  B  O  S  N  I
E  H  A  S  B  I  B  I  H  A  E
M  G  V  A  H  G  N  N  R  H  C
P  I  P  T  A  E  S  R  A  C  E
T  H  E  R  M  O  M  E  T  E  R
```

2	0	9	8	2	6	9	2	4	2	6
4	0	6	8	4	1	6	7	3	2	3
8	1	5	2	6	8	1	3	0	7	7
1	4	6	2	0	2	4	3	1	8	6
0	3	0	1	5	0	1	2	0	4	2
6	9	1	2	6	3	7	5	9	9	9
6	2	3	1	3	5	9	3	5	2	8
8	3	3	1	7	4	0	2	5	5	4
9	8	7	6	5	8	3	5	3	1	3
1	7	8	5	5	0	1	0	5	9	0
9	5	4	7	5	7	7	8	1	7	2
7	9	6	1	4	1	8	4	7	3	9
5	0	9	2	8	2	2	0	8	5	6
4	2	4	6	9	3	3	6	1	9	8
5	2	9	8	2	3	9	0	4	1	2
6	4	9	7	1	6	3	8	3	5	0
2	6	5	1	3	6	3	0	0	8	2
7	6	8	1	9	3	5	1	0	7	4
7	9	3	0	0	7	5	7	7	4	2
1	7	2	6	3	5	7	7	8	9	2

S	N	A	P	D	N	A	S	T	O	P
S	W	A	L	L	U	N	I	T	A	M
E	L	E	T	R	E	H	S	A	W	Z
H	S	I	E	R	U	T	C	I	P	H
S	R	Y	S	Z	I	R	I	A	H	C
I	R	E	D	N	E	L	B	P	D	U
D	E	B	D	R	E	S	S	E	R	O
L	F	U	Q	K	V	T	G	T	V	C
E	R	C	S	O	A	O	U	S	R	M
L	I	E	B	T	W	V	M	T	I	E
B	D	H	O	T	O	E	D	E	A	T
A	G	R	O	O	R	W	N	L	H	S
T	E	E	K	M	C	K	A	E	C	Y
N	R	T	S	A	I	R	S	V	G	S
E	A	U	H	N	M	E	P	I	N	O
H	T	P	E	C	Y	Z	U	S	I	E
C	O	M	L	S	N	E	C	I	K	R
T	R	O	V	D	O	E	F	O	C	R
I	C	C	E	E	X	R	V	N	O	T
K	P	J	S	B	G	F	N	O	R	S

W	E	A	T	H	E	R	V	A	N	E
A	U	H	C	R	O	T	I	K	I	T
H	A	N	G	I	N	G	P	O	T	S
F	N	S	T	H	G	I	L	R	A	E
X	E	E	S	T	O	N	E	S	C	U
P	D	N	I	H	R	E	Q	H	E	J
A	R	O	C	K	S	A	I	D	C	S
T	A	T	Y	S	R	M	S	S	A	E
I	G	S	R	Z	E	P	E	O	S	N
O	N	O	O	S	W	M	X	S	T	O
F	I	I	C	M	O	G	O	S	I	T
U	W	T	K	N	L	Z	B	S	R	S
R	S	A	G	W	F	K	R	A	O	G
N	G	P	A	T	I	O	E	E	N	N
I	N	B	R	N	O	S	W	R	I	I
T	I	V	D	B	Y	G	O	T	T	P
U	G	S	E	U	Q	A	L	P	E	P
R	N	Z	N	T	I	L	F	O	M	E
E	A	E	C	N	E	F	X	Z	S	T
G	H	L	C	S	E	U	T	A	T	S

B	A	H	C	T	A	C	Y	A	L	P
U	S	W	I	M	M	I	N	G	Q	G
G	P	D	A	E	R	L	T	S	M	I
S	I	P	L	A	Y	E	N	O	N	F
P	C	E	R	W	K	I	S	O	B	P
R	N	A	P	N	K	Q	R	V	I	S
A	I	K	A	P	U	A	G	E	R	L
Y	C	L	A	I	C	A	R	L	D	I
A	B	N	T	A	T	E	T	B	S	S
D	A	O	M	J	L	D	M	A	C	N
Y	S	T	N	A	R	F	N	T	H	E
N	K	I	X	I	R	D	B	C	I	T
N	E	H	N	I	W	S	A	I	R	U
U	T	K	S	I	A	S	R	N	P	C
S	S	B	C	L	O	E	B	C	I	I
C	I	H	A	I	S	S	E	I	N	T
E	E	D	D	B	H	B	Q	P	G	S
S	P	A	P	E	R	C	U	P	S	A
N	R	Y	P	L	A	T	E	S	X	L
H	T	O	L	C	E	L	B	A	T	P

P	A	N	T	H	E	R	Z	W	C	I
E	F	A	O	H	N	A	R	B	E	Z
L	L	Z	N	O	G	N	I	D	H	J
E	O	H	I	R	W	R	H	V	L	A
P	W	L	I	S	E	C	B	F	L	G
H	R	S	D	E	I	R	U	O	A	U
A	A	O	D	R	N	P	F	X	M	A
N	L	J	T	R	E	N	F	R	A	R
T	A	S	P	A	A	S	A	A	A	S
E	O	U	C	B	G	P	L	E	N	U
Y	K	O	R	S	A	I	O	B	T	M
E	C	G	O	B	E	T	L	E	E	A
K	H	N	C	R	K	L	S	A	L	T
N	E	I	O	K	A	X	G	I	O	O
O	E	M	D	E	N	G	G	A	P	P
M	T	A	I	M	S	A	N	T	E	O
C	A	L	L	U	T	Q	F	A	L	P
M	H	F	E	O	L	H	A	W	K	P
O	G	I	R	A	F	F	E	Y	G	I
R	H	I	N	O	C	E	R	U	S	H

#27 HANGMAN ANSWERS

1)APPARATUS	10)FERTALIZE	19)NUGGET
2)ATTENTIVE	11)FUNNY	20)POCKET PUZZLES
3)BASKET	12)GERMINATE	21)PREMONITION
4)CHARMER	13)GLAMOUR	22)PRETENTIOUS
5)DETERMINATION	14)HONESTY	23)PROVE
6)EARTH	15)INFINITY	24)QUARTER
7)ENCYCLOPEDIA	16)JUGGLE	25)ROMANTIC
8)EXTRACTION	17)KIWI	26)SARCASTIC
9)FANTASIZE	18)MAYOR	27)VOYAGER

#27

P	R	E	M	O	N	I	T	I	O	N
O	E	L	G	G	U	J	W	R	G	E
C	Y	T	I	N	I	F	N	I	T	M
K	A	T	E	G	G	U	N	A	K	W
E	I	H	R	O	M	A	N	T	I	C
T	D	Q	D	F	U	I	F	S	B	X
P	E	L	R	E	M	R	A	H	C	V
U	P	E	A	R	T	H	N	C	T	N
Z	O	F	E	T	S	O	T	I	P	O
Z	L	G	X	A	U	R	A	T	R	I
L	C	Q	T	L	T	U	S	S	E	T
E	Y	U	R	I	A	O	I	A	T	A
S	C	A	A	Z	R	M	Z	C	E	N
K	N	R	C	E	A	A	E	R	N	I
T	E	T	T	J	P	L	E	A	T	M
E	A	E	I	R	P	G	E	S	I	R
K	P	R	O	Y	A	M	I	N	O	E
S	C	V	N	Y	N	N	U	F	U	T
A	E	H	O	N	E	S	T	Y	S	E
B	E	V	I	T	N	E	T	T	A	D

S	S	E	R	T	T	A	M	R	I	A
G	H	O	S	T	S	T	O	R	Y	Z
H	O	N	E	E	R	C	S	N	U	S
I	B	S	L	E	W	O	T	S	T	C
K	S	T	N	E	M	I	D	N	O	C
I	A	H	E	L	A	F	D	A	A	S
N	C	G	R	K	T	I	L	P	S	M
G	S	I	E	C	C	S	E	D	T	O
S	L	L	L	A	H	H	U	N	M	O
G	E	H	O	T	E	Q	E	A	A	R
G	E	S	O	X	S	T	E	S	R	H
E	P	A	C	C	H	R	U	T	S	S
D	I	L	A	O	I	E	Q	O	H	A
N	N	F	R	F	B	P	E	P	M	W
A	G	O	P	F	A	M	B	O	E	C
N	B	M	S	E	C	A	R	L	L	I
O	A	I	G	E	H	C	A	E	L	L
C	G	C	U	A	I	F	B	S	O	B
A	S	E	B	P	I	L	L	O	W	U
B	L	A	N	K	E	T	S	X	S	P

A	L	L	A	B	T	E	K	S	A	B
G	S	W	I	M	M	I	N	G	E	I
C	N	H	T	E	L	T	S	E	R	W
G	U	I	O	R	O	W	I	N	G	S
E	D	R	L	T	C	O	F	U	P	D
P	S	X	L	C	P	G	O	H	M	R
W	P	S	H	I	Y	U	O	K	U	V
N	E	O	O	F	N	C	T	G	J	T
G	E	C	B	R	K	G	B	N	H	R
N	D	C	F	E	C	Y	A	I	G	A
I	S	E	Y	A	E	A	L	T	I	C
B	K	R	F	I	S	H	L	L	H	K
M	A	G	G	N	I	T	N	U	H	A
I	T	S	N	J	R	E	L	A	Y	N
L	I	E	E	I	G	N	I	V	I	D
C	N	K	N	B	I	F	H	E	J	F
K	G	M	Q	N	A	K	L	L	Z	I
C	R	I	C	Y	I	L	S	O	L	E
O	H	S	A	U	Q	S	L	P	G	L
R	D	P	M	U	J	G	N	O	L	D

Y	P	O	C	S	O	R	H	T	R	A
B	E	L	A	B	O	R	H	E	R	E
A	N	I	A	R	B	I	F	R	N	T
Q	O	B	J	S	N	F	O	N	J	E
X	S	N	P	K	U	M	O	A	L	N
O	A	T	F	A	A	C	C	K	A	G
I	P	L	G	C	A	A	A	U	H	I
A	A	A	C	H	M	Y	T	E	T	E
R	I	T	C	A	F	C	I	E	I	B
S	D	S	R	A	H	D	G	R	N	G
E	D	E	R	E	D	D	O	D	E	N
N	Q	G	S	A	J	E	J	T	Z	I
O	I	U	B	C	V	A	A	E	K	Z
P	N	O	L	L	I	R	A	C	Z	I
Y	T	B	O	A	H	T	L	M	A	T
R	A	Z	L	T	N	H	S	H	D	O
I	R	A	A	U	T	D	D	I	D	R
T	I	L	J	L	C	W	G	M	K	C
E	C	A	I	S	P	M	A	L	C	E
Q	U	A	D	R	I	G	A	C	H	N

Author, RRobitaille is a proud Canadian, born, bred and raised. She was born on Febuary "fools" day! A proud mother of 2, and an even prouder GRAMMA of 5!,(including her "Hannah Banana"). I love animals & the outdoors. I've always preferred "Find a word" puzzles.

The book I have completed is a "UNIQUE" Find a word puzzle book, with a few twists. I firmly believe my book will sell well =) This is the first time I have ever done this but I have a "LOVE" for FIND A WORDS - I ALWAYS HAVE!

RITA ROBITAILLE